LETTRE A DAVID,

SUR

NAPOLÉON BONAPARTE.

DE L'IMPRIMERIE DE DOUBLET.

LETTRE
A DAVID,

SUR

NAPOLÉON BONAPARTE.

PAR M. LECLERE (J.-B.-T.),
ÉTUDIANT EN DROIT.

Apelle seul est digne de peindre Alexandre.

A PARIS,

CHEZ LES MARCHANDS DE NOUVEAUTÉS.

OCTOBRE 1821.

LETTRE A DAVID,

SUR

NAPOLÉON BONAPARTE.

NAPOLÉON n'est plus ! Vous devez un hommage à sa cendre ; il était votre ami, il était
votre admirateur, et peut-être votre bienfai-
teur. Si ce n'est assez de la générosité et de
la reconnaissance pour enflammer votre mâle
génie, que la gloire, ce sentiment si puissant
sur les grandes âmes, vienne à l'appui de mes
sollicitations, qui sont celles de vos compa-
triotes, de l'Europe entière, et de toute la
postérité.

Les hommes comme vous, Monsieur, ne
sont point de ceux que l'on retrouve à chaque
période de siècle ; la nature en est avare,
et nous devons nous féliciter qu'un si beau
talent et un si beau sujet se soient présentés
à la fois et à la même époque.

C'est à vous seul qu'appartient aujourd'hui
la gloire de peindre Napoléon Bonaparte, de
nous montrer la force et la noblesse de son

caractère, la grandeur et l'élévation de ses pensées, laissant à un autre art le soin de développer l'étendue et la profondeur de son génie; c'est à vous seul, qui sûtes nous montrer dans un vieillard les sentimens les plus généreux, faisant à sa patrie, à son pays, le sacrifice de ses affections les plus chères, et invoquant le ciel de ses sublimes vœux; c'est à vous seul, qui nous avez représenté si dignement Bélisaire précipité du char triomphal dans la plus profonde misère, et réduit à demander l'aumône aux pieds des monumens de ses victoires. Quelle sérénité d'âme au milieu de si grands revers ! quelle noblesse alors même qu'il implore la pitié ! C'est à vous seul, qui avez su nous montrer, dans l'âme du sage grec, un rayon divin prêt à briser avec joie ses liens terrestres pour s'élancer dans l'immortalité ; qui, combinant toutes les forces morales de l'homme, nous avez montré le républicain, après un douloureux sacrifice, se réfugiant aux pieds de la statue de la Liberté pour y chercher de nouvelles forces à son âme, dans la crainte qu'un coupable regret n'entrât dans son cœur; qui nous avez représenté si dignement un jeune héros partagé entre l'amour et la vengeance, apaisant les mouvemens de son cœur, pour ne voir que son ennemi. Quelle fierté dans son attitude et dans son regard ! et quelle sensibilité au fond de son cœur ! Enfin, c'est à vous seul à nous représenter un si grand homme ; vous, qui dans les traits, et, si j'ose m'exprimer ainsi, dans toute la personne de Léonidas aux Thermopyles, nous avez montré toutes les vertus d'un héros le chef d'une armée, grandeur, générosité, valeur, sagesse, force et courage.

N'ayant jamais approché l'homme, et ne l'ayant jamais vu dans ces momens où l'âme se laisse aller à ses sentimens naturels, je ne puis vous en dépeindre toutes les parties ; et quand bien même je l'eusse approché, il ne m'a pas été donné d'en sentir la hauteur, et d'en connaître toutes les vertus ; mais vous, Monsieur, qui l'avez connu et de près, qui l'avez suivi dans toutes les phases de sa fortune ; vous dont l'âme a tant d'analogie avec la sienne, par sa hauteur et par sa portée, aucun sentiment de ce grand cœur n'a pu échapper à votre pénétration. Encore, si nous avions un grand nombre d'ouvrages sortis de sa plume, et si même ses lettres étaient *les productions du cœur et les trésors de la confiance* (1), et non dictées par la po-litique ou dans les momens de représenta-tion, il serait peut-être possible d'en con-noître quelques replis. Cependant, comme nous avons un petit ouvrage et quelques pensées de lui, j'ai tâché de le peindre à tra-vers ce petit nombre de lignes. Je soumets mes observations à votre jugement, ne sou-haitant que vous éclairer dans un sujet qui demande l'observation la plus profonde, et l'observation d'un grand homme. Dans cette occasion, je ne recherche que la satisfac-tion de vous exciter à traiter un sujet qui doit être pour vous une source de gloire, à vos contemporains et à moi une source de jouissances.

Commençons par ses qualités brillantes : ce desir ardent de la gloire, cette imagination si vive qui s'enflammait au souvenir des ac-tions héroïques, et avait une si grande in-fluence sur ses décisions. Les entreprises har-dies étaient celles qu'il choisissait de préfé-rence ; une épée était pour lui préférable à cent millions, par cela seul qu'elle était celle du grand Frédéric.

---

(1) Mirabeau, *Discours*.

Forcé de faire la guerre et de vaincre des rois jaloux, il se laissait séduire au rôle d'ôter et de rendre les couronnes. La conquête de la Palestine lui parut quelque chose de fabuleux : il s'y laissa séduire aussi. Tel était l'empire des souvenirs et de son imagination sur son âme, qui avait d'ailleurs tant d'autres qualités plus solides.

Avec quel art aussi se servait-il de ce même empire des souvenirs pour exciter dans ses soldats l'enthousiasme, ce fruit brillant de l'imagination exaltée ! Tantôt c'était leurs propres exploits qu'il leur rappelait, tantôt ceux des légions romaines ; et il les faisait voler à la conquête de l'Italie par des travaux inouïs, des marches forcées, et de continuels combats. C'est au souvenir de ces mêmes légions qui combattaient tour-à-tour sur terre et sur mer, et dans les mers de la Sicile et dans les plaines de Zama, qu'il les faisait marcher à la conquête de l'Egypte. Autour de la colonne Pompée, il faisait enterrer ceux qui étaient morts en débarquant sur la plage, et il y inscrivait leurs noms pour les consacrer à l'immortalité. Autour de cette même colonne, et sur les ruines de Thèbes, il faisait célébrer les fêtes de la république et de l'armée à ses soldats, tout étonnés de se trouver dans l'héritage de Sésostris. Il savait bien que les hommes, et surtout les Français, aiment *la grandeur jusqu'à l'apparence* (1); et il en profitait.

Comme presque tous les héros, comme César, il croyait à sa fortune, et souvent il l'invoquait. Comme lui aussi, il préférait une autorité plus étroite, mais plus complète : au consulat, la première magistrature alors, par cela seul que l'autorité civile éprouvait des résistances, il aurait préféré le simple métier de la guerre; « car j'ai- « mais, dit-il, l'autorité du quartier-général « et l'émotion du champ de bataille. » Aux âmes extraordinaires il faut des moyens d'agitation extraordinaires. Et toi aussi, César, sans doute, tu aimais l'émotion du champ de bataille.

Maintenant comment dépeindrai-je cette bravoure à toute épreuve, ce sang-froid imposant, cette activité brûlante de génie qui

---

(1) Je n'indiquerai pas toutes les pensées recueillies de Bonaparte, et dont j'ai fait usage dans cet opuscule; elles n'échapperont pas à ceux de mes lecteurs qui connaissent ses écrits.

s'exerçait à la fois et sur les projets les plus vastes et sur les plus minces détails, cette puissance morale sur les esprits, cet ascendant de feu sur les caractères même les plus entiers, et par-dessus tout cette sensibilité qu'au milieu des travaux inouis, incalculables, il trouvait encore au-fond de son cœur pour les affections de famille et les liens de l'amitié ; cette bonne foi et ce désintéressement personnel, cette pureté de mœurs, et cette activité de conduite, cette confiance généreuse de sa grande âme en la loyauté des autres, cette générosité délicate dans les bienfaits ordinaires, cette générosité sublime dans les grandes occasions, même à l'égard des ennemis naturels de sa fortune ; cette noble fierté dans l'infortune ; cette grandeur d'âme à pardonner ses injures personnelles, à réparer ses injustices, et même à s'accuser de ses crimes et fautes politiques ; cette grandeur d'âme, et cette bonté de son cœur de ne vouloir pas profiter de l'odieux droit de la guerre d'incendier les villes et les campagnes ; enfin toutes les vertus de l'homme poussées jusqu'à leur dernier période. Nulle pensée humaine ne peut exprimer ce qui est au-dessus de l'homme : il semble que ce soit un rayon

émané de la puissance divine pour nous donner une lueur de sa bonté, de sa grandeur
et de son pouvoir.

Je n'entreprendrai point l'histoire de ses
succès; je ne décrirai pas la suite non inter-
rompue de ses triomphes, et sur les bords du
Nil, et dans toutes les contrées de l'Europe.
Arrivé sur la scène politique à une époque,
comme l'a dit un grand citoyen (1), favorable
pour la force, lorsque l'autorité de l'opinion
était détruite par les fatigues de la révolution,
mais qui elle-même avait laissé dans le cœur de
chaque citoyen une énergie que laissent toujours après elles les révolutions, les guerres,
et même les dissentions civiles, je ne décrirai
pas non plus comme il sut tirer parti de cette
énergie, l'exciter et la modérer à son gré
dans ses soldats, et tous les moyens d'influence
morale qu'il employait et pour assurer ses
conquêtes, et pour attirer tous les yeux de ses
concitoyens, les fixer irrévocablement, et bientôt diriger l'opinion. Les uns et les autres ne
sont pas du cadre de cette lettre, et je les sens
au-dessus de ma portée.

Le voilà arrivé au faîte de ses succès. De

____

(1) M. Necker, *Manuscrit.*

quelle manière s'y comporta-t-il? Arrêtons-nous un moment; on l'a accusé, non sans raison, d'être devenu superbe. Comment cet homme si sublime dans le malheur consommé, ainsi que l'a dit un des littérateurs les plus distingués de l'époque (1), comment n'évita-t-il pas l'écueil de la prospérité? Exemple frappant et décisif qu'il est plus dangereux. En effet, dans le succès l'âme se relâche. Habitué à voir la fortune lui être favorable, l'homme bientôt se croit au-dessus de ses semblables; et les flatteurs de l'en convaincre. Dans l'adversité au contraire, l'ame se redresse, veille continuellement sur elle-même, acquiert de nouvelles forces, et devient bientôt capable des plus grandes vertus. Mais si presque aucun des grands hommes qui ont fait des actions héroïques n'a été à l'abri d'un pareil vice de l'âme, ce qui serait peut-être facile de prouver, et si l'on pouvait le pardonner, ne serait-ce pas au vainqueur de tant de nations, dans tant de combats et tant de batailles, qui voyait autour de lui un cortège de rois; les autres briguer son alliance; enfin celui qui, d'un geste,

____

(1) M. de Jouy, *Miroir des Spectacles*.

dictait à l'Europe ses volontés, comme autre-
fois Jupiter dans l'Olympe.

Si la prospérité corrompit son ame, cor-
rompit-elle sa conduite et ses mœurs? Se
laissa-t-il aller à une confiance sans bornes?
Passa-t-il ses jours dans les débauches et les
dissolutions? Non; son génie n'en devint que
plus actif, sa conduite que plus laborieuse,
et ses mœurs que plus pures. *Sa grande âme
repoussait la volupté, comme le nautonnier évite
les écueils.*

Que ne fit-il pas dans ces temps? Il nous
donnait le code le plus complet des maximes
de la sagesse humaine, réglait l'administra-
tion, donnait à l'industrie cette activité si
puissante, excitait les arts et les sciences,
enrichissait la France d'une foule de palais,
de temples, de monumens de triomphes, où
il a porté ce goût d'une majestueuse et touchante simplicité, *pensant qu'ils éleveraient
l'âme de nos descendans;* la coupait de routes,
de canaux; rebâtissait des villages, édifiait
des ports, des ponts et tous ces monumens d'utilité et de salubrité publique qui
attestent sa constante sollicitude pour le peuple
qui l'avait élevé; donnait enfin à l'Europe ces
routes que la postérité placera au rang des

plus utiles comme des plus grands travaux de l'homme, à côté des Pyramides, monument de faste et d'orgueil.

Je ne louerai point l'éclat et la pompe de sa cour, ni des cours en général; c'est presque toujours aux dépens de la subsistance des peuples. Mais si, à la tête d'une nation prospère, où les richesses coulaient à flots, il s'était trouvé une cour composée de génies dans tous les genres, mêlant le faste à l'activité, donnant tout leurs temps à la gloire et à l'illustration de cet empire, sans rien donner à la galanterie et aux mauvaises mœurs, certes il faudrait convenir que c'est un spectacle assez rare parmi les annales des gouvernemens absolus. Telle était cette cour majestueuse et brillante par elle-même, majestueuse et brillante par la réunion de talens dont elle était composée; mais plus majestueuse et plus brillante encore par l'éclat que le chef lui-même déversait sur elle, par sa gloire et son génie supérieur à tous ceux de sa cour, chacun dans son genre.

Nous voilà maintenant arrivés à la plus belle partie de son histoire, celle de ses revers, où la fortune lassée de l'élever, la nature fatiguée du poids de ce colosse et, peut-être l'une et l'autre jalouses après l'avoir élevé si haut, tournèrent leurs armes contre lui, déchaînèrent les élémens, et étonnèrent encore plus le monde par ses revers, qu'elle ne l'avaient étonné par ses succès. Mais elles n'avaient pas tout détruit, il lui restait sa personne et son nom; et bientôt après il reparut dans les mêmes plaines si souvent illustrées par ses victoires et par ses triomphes, avec de nouvelles victoires et de nouveaux triomphes. Vaincu de nouveau par des traîtres; se repliant sur lui-même comme un lion irrité de ses blessures; gagnant en courage, en hardiesse, en fierté ce qu'il perdait en force, il devint plus menaçant, plus terrible; et là, refusant un trône tributaire, le déshonneur de la nation et le sien, par un désespoir sublime, il voulut s'ensevelir sous ses débris, ou replanter sur le Rhin l'étendard de la France, et défier l'Europe et toutes les nations de le repasser encore. Tel l'antiquité nous dépeint Mithridate défait apparaître bientôt après plus fier, plus formidable; enfin vaincu, errant, fugitif, agrandissant ses projets à mesure de ses pertes, méditer dans sa fuite la conquête de Rome et l'incendie du Capitole.

Rien ne put accabler sa grande âme dans

ces temps où les *catastrophes étaient plus grandes que les hommes ;* rien ne put même l'ébranler ; le génie de la guerre semblait avoir pris en lui de nouvelles forces. Grand dans les revers comme dans les faveurs de la fortune ; acquérant autant de gloire par ses disgraces que par ses succès ; méditant de sang-froid, le soir d'une défaite ou d'une victoire immortelle, une victoire pour le lendemain : tant son âme était au-dessus des joies et des plaies humaines ; général avant la bataille, et souvent grenadier pendant le combat, rien ne pouvait le toucher, si ce n'est la gloire et le salut de la France.

Enfin il abdiqua.

Les événemens qui suivirent formèrent deux partis en France ; quelque-étonnans, quelque merveilleux qu'ils soient, je n'en parlerai pas. Les uns et les autres pourraient y trouver à louer ou à blâmer ; ce n'est pas mon but.

Venons à sa captivité. Mais comment dépeindre auparavant cette généreuse confiance de sa grande âme en des ennemis qui lui préparaient des fers ? Je n'ai point de couleurs, mes pinceaux sont trop faibles. Comment retracér les horreurs de sa captivité, et la force

d'âme qu'il y a déployée ? Le seul récit
fidèle de ses actions, de ses occupations de
chaque jour, de ses gestes, de sa physionomie,
et même de son silence quelquefois si éloquent
dans une grande âme, opposé au tableau de
ses persécutions, et raconté aux âmes sensi-
bles et élevées, peut seul en donner quelque
idée. Et quel est cet homme sur ce rocher
infect ? Est-ce une destinée ordinaire, une
tête obscure ? Non, c'est le vainqueur de Ma-
rengo et d'Austerlitz, loin des lieux témoins
de sa gloire, privé de ses affections les plus
chères, entouré de bourreaux, exposé à
toutes les tyrannies des petits esprits si poi-
gnantes aux grands cœurs, accablé d'humi-
liations, abreuvé d'outrages, ses plus belles
actions ternies, et sa vie morte aux bienfaits de son cœur ; calme et serein au bout
du monde, se réfugiant en lui-même, s'occupant de tous les détails d'une vie étroite
avec une simplicité touchante, supportant
avec une noble résignation les outrages de
ses barbares ennemis, honorant et louant ceux
qui le déchiraient et le persécutaient, et dont
les dernières et sublimes paroles furent pour
le peuple qui l'avait abandonné. Ah ! si c'est
un spectacle digne des dieux de voir l'homme

aux prises avec le malheur, quel spectacle plus sublime s'est jamais offert à leurs regards! Sans doute ils ont suspendu leur attention du reste des mortels pour la porter en entier sur ce petit coin de l'hémisphère, où était une si grande destinée et de si grands revers, une vie si belle, des jours si pleins et des infortunes si grandes, et surtout tant de force et de courage.

Combien de ces grands hommes, que l'antiquité nous a transmis avec un appareil éclatant de gloire, n'eussent été dans l'infortune que des hommes sans courage ou des femmes timides! Sous son règne, on l'a comparé à divers de ces grands hommes : les flatteurs à Alexandre et à César; d'autres, ses ennemis, à Sylla présentant ses tables, et au monstre couronné tout dégouttant du meurtre de sa mère. Ces derniers étaient des fous, s'ils n'étaient des mal-intentionnés. Les premiers rapetissaient sans doute ce héros et ne sentaient pas sa hauteur; car qui l'antiquité peut-elle nous fournir qui lui soit comparable? Est-ce cet Alexandre, gagnant quelques batailles sur des peuples efféminés et sans vigueur; à travers quelques vertus montrant les vices les plus honteux, la cruauté la plus inouie, et par dessus tout cet orgueil stupide de vouloir passer pour un dieu ? Est-ce César, après avoir trempé dans une conspiration qui devait bouleverser la république, montrant quelques vertus guerrières contre les ennemis de sa patrie ; mais, bientôt ennemi à son tour, il marche sur Rome, détruit six cents ans de vertus et de liberté, décime et asservit un sénat où régnaient les Pompée, les Cicéron, toi surtout, immortel Caton ; et donne aux Romains le spectacle de la dissolution et de la prodigalité la plus complète ? Est-ce Annibal, qui, franchissant les Alpes avec une intrépidité extraordinaire, combat, défait les Romains, inonde de leur sang toutes les plaines de l'Italie, et met Rome à deux doigts de sa perte ? Jusque-là tu es grand, tu es sublime ; mais bientôt vaincu à Capoue, puis à Zama, proscrit, errant, fugitif, cherchant un ennemi à Rome, ta haine annonce de la force dans ton âme ; mais est-elle bien noble alors qu'elle est personnelle ? Est-ce Thémistocle, qui, après quelques trophées, devient superbe, puis se vend aux ennemis de sa patrie ?

Mais c'est assez parcourir la liste des héros les plus fameux de l'antiquité. Héros des temps modernes, tu as vaincu dans autant de batailles et autant de combats que tous ces grands hommes à la fois. Au lieu de vaincre des peuples efféminés etsans vigueur, tu as vaincu des peuples belliqueux qui se vantaient de dix siècles de gloire et de valeur ; au lieu de détruire un sénat imposant, tu n'as détruit que l'anarchie. Comme Annibal, et plus sublime encore, les Alpes ont été franchies avec une hardiesse et une intrépidité qui étonnent le génie même. De plus, ta conduite et tes mœurs peuvent être comparées à la conduite et aux mœurs des rois les plus sages, et même des philosophes les plus austères ; et tu as par dessus eux tous çette adversité qui te met au-dessus du genre humain, par la force d'âme et les vertus que tu as déployées. Ta grande âme était au-dessus de toutes les situations de ce monde. Il semble que la nature, en te créant dans un moment de magnificence, ait voulu nous montrer ce que peut l'homme dans toutes les circonstances de la vie. Après t'avoir fait monter par degrés sur le plus beau trône de l'univers, que tu as encore élevé par tes vertus et ta grandeur personnelle, elle t'a précipité dans l'infortune ; et toujours sublime en cet état jusqu'à ta dernière heure, ton dernier jour fut encore un jour de victoire.

Laissons maintenant, à quiconque en sera jaloux, la petite gloire de critiquer ses institutions, d'attaquer son despotisme; et moi aussi je ne le crois pas à l'abri du blâme; et moi aussi je déteste le legs odieux de lois et décrets politiques laissé à ses successeurs. Mais depuis qu'il n'existe plus, que sa cendre ne peut plus être redoutable à la liberté, cette première idole de nos cœurs, ne peut-on pas pardonner quelque chose à un si grand homme, ou plutôt ne verra-t-on pas la nature humaine telle qu'elle est en effet?

Quel est l'homme, je le demande à quiconque est de bonne foi, qui s'interrogera avec conscience; quel est l'homme placé si haut, se sentant si fort au-dessus des autres, avec une activité puissante de génie, et dans sa main tout ce qui peut lui donner de l'aliment, sera assez maître de lui-même pour faire abnégation de sa gloire, et circonscrire ses facultés à de misérables détails, lorsque sa pensée embrasse tant et de si grandes choses? Non, cela dépasse les forces de la nature humaine; c'est un brillant fantôme de l'imagination de la voir si parfaite : plaignons-là de ses imperfections, mettons-nous en garde contre elle, et surtout n'en exigeons pas trop (1).

En attaquant la Représentation nationale, en substituant une tribune moins libre, il a donné un dangereux exemple, dira-t-on. Je suis loin de le dissimuler ; mais cette Représentation nationale avait-elle, dans l'opinion, cette force morale qui sanctionne ses arrêts ? Non ; un soldat et quelques satellites ne l'eussent pas détruite. L'anarchie dans son sein, des lois tyranniques et d'exception, une autorité arbitraire et sans vigueur, sans cette force morale qui produit la confiance, la force et la stabilité des empires ; dans cet état, une autorité telle que l'était alors celle du Directoire ne pouvait subsister, et aucune autorité ne le peut, sous quelque forme que ce soit ; la ruine de l'état en serait la conséquence in-

____

(1) « Ne nous dissimulons rien, la félicité publique « est bien moins la fin d'un héros qu'un moyen pour « arriver à celle qu'il se propose, et cette fin est presque « toujours sa gloire personnelle. » (*Rousseau J. J., Discours sur la vertu la plus nécessaire à un héros.*) Telle est l'opinion du plus grand scrutateur du cœur humain.

faillible, immédiate. Il en faut une autre, qui redonne de la force à l'opinion , ramène les esprits inquiets , les lie , les resserre par leurs intérêts : sans cela l'état devient la proie du premier occupant. Le Directoire pouvait-il produire ce grand œuvre ? Non : aucune Représentation ne le pouvait ; les assemblées s'étaient trop multipliées pour qu'on attendît des postérieures les bienfaits qu'on n'avait pas reçus des précédentes. De plus, leurs crimes étaient là pour effrayer les esprits timides et leur en faire craindre le retour. Quelque sagesse qu'eût montrée une assemblée , elle n'eût pu bannir les inquiétudes , les craintes, et conquérir une force capable de résister au péril. Il fallait une autorité imposante pour y faire face ; et , sans craindre qu'on m'accuse d'ennemi de la liberté , je dirai que la dictature était nécessaire : il fallait sauver Rome. Et quelle était la situation de la France alors ? La guerre civile dans son sein , les factions aux prises , une caste déchue remontrant sa tête menaçante , le chaos dans l'état , les finances épuisées, sans crédit , sans ressources , sans armée, et , par dessus tout, l'Europe prête à fondre sur elle. Il fallait sauver Rome : la dictature était indispensable.

Enfant de la révolution, Bonaparte, sollicité par la masse des gens de bien, s'en saisit. Quel autre le pouvait alors? La fortune, l'esprit public, les garanties qu'il donnait aux intérêts nouveaux, sa gloire, ses capacités pour débrouiller le chaos, et rendre à la France sa force et sa splendeur, tout l'y portait, tout lui en faisait un devoir : il s'en saisit. Il n'écoute aucun parti, ne voit que les besoins de la France, termine la révolution, redonne aux cœurs tendres le culte de nos pères, substitue l'ordre à l'anarchie, rétablit les finances, fait respecter notre pavillon d'abord; puis, pour assurer à la révolution ses garanties en Europe, le fait voler de conquêtes en conquêtes, porte la gloire de nos armes au plus haut point d'illustration, étend la sphère de la révolution sur une partie de ses conquêtes, et rend presque toutes les nations de l'Europe tributaires de la France. Tout lui faisait un devoir alors de se démettre de la dictature; et il l'eût fait, si César au faîte des succès pouvait s'en démettre et même s'en contenter, si c'était dans la nature de l'homme.

Les succès qui corrompent les plus belles ames altérèrent tes bonnes intentions, et tu repris quelques maximes de ceux qui t'avaient précédé. Mais tu en as été assez puni.

A travers tes erreurs, à travers tes fautes, ô grand homme! ta gloire est encore assez belle, et la couronne de lauriers que t'accordera la postérité ne sera pas entièrement dépouillée de ses feuilles. L'homme qui aime à être étonné trouvera dans les prodiges de ta vie un aliment à son admiration, et dans les mouvemens de ton cœur, mille exemples de grandeur et de générosité à suivre.

Si la calomnie ne s'est pas arrêtée à ton cercueil; le serpent qui rôde autour des tombeaux, sans briser un fleuron de leurs trophées, ne fait qu'y attacher une souillure que le moindre vent ou la moindre pluie emporte pour jamais. Ah! oui : puissent tes derniers vœux être exaucés, et ta cendre reposer sur une terre qui te vit briller d'un si bel éclat! Puisses-tu être le témoin de l'admiration du voyageur aux pieds de ta tombe, et surtout respirer le doux parfum de la fleur nouvelle que, chaque matin, viendra y déposer la reconnaisance.

Héros généreux, si tu as laissé des ingrats, le souvenir de tes bienfaits n'est pas entièrement perdu dans tous les cœurs. Tes soldats qui ont partagé ta gloire ont aussi partagé ton infortune; persécutés comme toi, ils ont souvent oublié leurs malheurs pour plaindre les tiens : et maintenant que tu n'es plus, les larmes qu'ils versent en secret sont le plus bel hommage à ta mémoire et aux vertus de ton cœur.

Et vous qui seriez encore portés à censurer ses actes pendant qu'ils pèsent encore sur vous, abjurez une vaine sévérité : le mal est presque réparé. Si la liberté n'est pas dans nos lois, elle est trop profondément empreinte dans les esprits et dans les mœurs; la direction en est trop forte et le mouvement trop rapide pour qu'elle se perde sans retour, ou soit même retardée long-temps. Attendez donc avec calme et tranquillité, mais avec force, qu'une nouvelle génération conquerre, sans secousses, cette liberté nos plus chères espérances, cette liberté qui doit nous ramener le beau siècle des Miltiade et des Aristide : celui des grandes actions et des grandes vertus.

Mais je m'aperçois que je me suis bien étendu, que je suis sorti de la ligne que je m'étais tracée, celle de vous peindre son caractère et ses vertus ; vous avez l'âme trop belle pour ne pas pardonner ce qui est l'effet d'un enthousiasme que vous partagez, je n'en doute pas.

Votre renommée, Monsieur, a déjà acquis un haut degré de gloire ; mais votre génie n'est pas de ceux qui sont appréciés à leur hauteur par leurs contemporains. Les âmes fortes et grandes sont en trop petit nombre ; il faut, pour donner à votre gloire toute son étendue, la sanction solennelle des grandes âmes des siècles suivans.

Les hommes de votre époque sont indécis s'ils vous donneront la palme qu'a si long-temps conservée le peintre de l'Italie. L'on recule devant un jugement si grand, l'on n'ose préférer une réputation nouvelle à une réputation consacrée par plusieurs siècles, et on laisse à la postérité le soin de prononcer. Quant à moi, par une témérité peut-être louable, j'oserai avancer les impressions qu'une âme neuve, et qui n'est pas dépourvue de force et d'élévation, a reçues de vos différens chefs-d'œuvre ; j'oserai détailler les sentimens tour-à-tour grands et touchans, sublimes et naïfs que m'ont fait éprouver vos diverses compositions.

Le génie de Raphaël me semble tout entier

dans la grace, dans la sensibilité, dans la
naïveté, et quelquefois dans le grand et le
sublime; le vôtre Monsieur, dans tout ce que
les sentimens de l'homme ont de plus grand,
de plus fort, de plus généreux, de plus tou-
chant, et quelquefois dans une naïveté char-
mante. Ses effets vont au cœur et à l'imagination;
les vôtres au cœur et à l'âme. Il affecte d'une
manière plus lente et plus douce, et vous
d'une manière plus vive, plus forte, plus
pénétrante. Le plus grand mérite de Raphaël,
sans doute, est dans le charme de ses
pinceaux, dans une nature toujours vraie,
toujours vivante, et d'une simplicité touchante; le vôtre, dans le nombre, la grandeur,
la combinaison des idées, revêtues d'une nature toujours belle, toujours sévère, et d'un
goût antique; dans la beauté des contrastes
que votre génie a su trouver dans la force
des situations malheureuses, et non en plaçant
en regard des monstres qui déshonorent la
nature humaine. De tels contrastes nous
touchent, nous émeuvent, et mettent notre
âme dans une agitation agréable; au lieu que
les autres, en l'attaquant d'une manière plus
forte, plus violente, donnent au plaisir une
pointe trop âcre qui le change et le tue, et

ne laissent dans l'âme qu'une sensation dou-
loureuse qui se prolonge long-temps et se
renouvelle par le souvenir. Et quels contrastes
que les vôtres ! ici, c'est la tendre Hersilie
entre le fier Romulus et son tremblant ennemi. Là, une mère en larmes pleurant ses fils,
et un père partagé entre la douleur et son
amour pour la patrie. Plus loin, c'est une
mère, des épouses au désespoir, et l'enthousiasme du père qui fait un généreux sacrifice des fils qui vont mourir pour leur patrie, et du petit Romain, seul témoin impassible
qui jouit à la vue des armes. D'un autre côté,
c'est Bélisaire dans l'infortune, en contraste
avec sa gloire passée ; ce soldat saisi de douleur et d'effroi à la vue de son ancien général
dans la misère, et cette femme, la compassion
même, qui fait l'aumône à celui qui l'a
préservée peut-être elle et sa famille des
fureurs et des outrages d'un barbare ennemi.
Ici c'est Socrate prêt à prendre la coupe fatale,
tranquille et serein au milieu de ses disciples
au désespoir. Enfin c'est le courage réfléchi de
Léonidas aux Thermopyles, et l'enthousiasme
des jeunes Spartiates qui vont mourir pour
obéir aux saintes lois de leur patrie. Quel
tableau que la tête de leur chef, à elle seule !

N'avez-vous pas fait voir par elle ce que peut la peinture maniée par un homme de génie! Jusqu'à vous elle s'était contentée de nous donner l'expression du moment; mais vous, en nous montrant tant de vertus, tant de sentimens à la fois, n'avez-vous pas anticipé sur un autre art que le vôtre ?

Les tableaux de Raphaël sont des épisodes gracieux, touchans, naïfs, sublimes; les vôtres sont des poëmes tout entiers. L'on voit dans vos héros leurs passions, leur caractère, leurs vertus, et vous les mettez dans une situation qui demande de la force et du courage. De plus, vous y ajoutez, sans nuire à l'ensemble, des épisodes tour-à-tour touchans ou naïfs; vous mettez en jeu tous les secrets de la plus haute éloquence; vous nous attaquez par tous les points de notre organisation morale, et vous frappez quelquefois encore les sens pour ajouter à l'effet. Par là vous n'êtes pas seulement le restaurateur de notre école, mais bien plutôt le fondateur d'une nouvelle école où, quelque beaux talens que nous ayons, nul ne vous suit, nul n'annonce un successeur.

Tout a vie chez Raphaël; chez vous tout a enthousiasme et l'excite en nous. Si Raphaël me touche, m'attendrit, me plaît par ses charmes, me plaît encore par de nouveaux charmes, comme je me sens ému, attendri, élevé bien plus grandement par vos sublimes compositions! comme je sens en moi quelque chose de plus mâle, de plus noble, de plus parfait! Oh, Monsieur, si tous ceux qui cultivent les arts suivaient les mêmes traces que vous, c'est-à-dire cherchaient à développer en notre cœur tous les sentimens grands et généreux, et à donner de la force à notre âme, au lieu de charmer notre imagination, et d'enivrer nos sens, et par-là énerver nos forces morales, que deviendraient les hommes? Bientôt les sublimes méditations de certains philosophes, traitées de chimères, seraient réalisées, et les arts, en général, n'eussent reçu que des éloges, au lieu d'avoir encouru le reproche, peut-être mérité, de porter avec eux le germe de la corruption, et bientôt l'extinction des grandes vertus de l'homme et du citoyen.

Au milieu d'une génération qui s'élève, j'ai été à même d'en étudier les mœurs et les goûts; aucune de ces vertus ne lui est étrangère. C'est vous dire, Monsieur, l'admiration qu'elle a pour vous, et le degré de gloire que vous prépare la postérité.

Ah! pourquoi la vie des grands hommes a-t-elle des bornes! pourquoi la vôtre en particulier ne peut-elle pas se prolonger au-delà des limites ordinaires! Où que ne pouvez-vous représenter le héros dans toutes ses innombrables actions d'éclat? Tantôt avant la bataille, apparaissant comme un astre éclatant au milieu de ses soldats, les inondant d'un déluge de lumière, communiquant à leur cœur une étincelle de ce feu sacré qui embrâse son grand cœur et faisant de chacun de ses soldats un héros. Tantôt, dans l'attitude où il prononçait ces immortelles proclamations; plus tard, dominant de l'œil de son génie tout le champ de bataille. Ici la victoire est incertaine, le soldat balance, il commence à sentir un mouvement inconnu dans son cœur, soudain, comme un aigle étincelant, il vole à la tête de ses soldats, et par sa présence, décide des combats glorieux, et d'immortelles victoires. O Lodi, ô Arcole, et cent lieux différens, vous fûtes témoins des effets de sa bravoure et de son courage!

Pourquoi votre art aussi a-t-il des bornes! Que ne pouvez-vous peindre le politique, l'administrateur, le législateur coordonnant, sur le plan le plus vaste et le mieux ordonné, toutes les parties de sa législation, l'orateur militaire, dont l'éloquence tient tout à la fois de la chaleur brûlante de sa grande âme, de la sensibilité profonde de son cœur, de la vivacité de son imagination et de l'énergie de son caractère; enfin, le génie qui, changeant toutes les idées qui depuis dix siècles avaient régi la vieille Europe dans la politique et la guerre, avait presque déjà créé son siècle pour lui !

Quelle tâche pour un panégyriste que cette entreprise ! Sans doute que la nature qui l'a créé nous en donnera un exprès digne de son modèle. Mais je l'adjure au nom de tous ceux qui ont une âme, au nom de tous ceux qui aiment la grandeur, je l'adjure de ne pas nous montrer ce grand homme à travers de secs et d'étroits systèmes, à travers une raison froide et sévère. L'aigle qui, d'un vol hardi, fend la nue, se perd et disparaît aux regards de la plupart des mortels, doit-il avoir la même mesure que l'habitant de l'air qui, d'un vol timide, rase nos plaines et nos campagnes ?

Il ne m'appartient pas, Monsieur, de fixer à un génie si élevé le sujet le plus favorable dans l'histoire de sa vie ; mais j'oserai faire des vœux pour que vous nous le montriez dans l'infortune. Vous l'avez représenté , je crois, dans l'un de ses plus beaux succès , et au mo-ment où il usurpe le prix de vingt victoires, de la patrie sauvée , enrichie , illustrée. Si sa prospérité est l'époque de sa vie la plus brillante , son adversité est, à mon gré , la plus belle ; c'est là où l'homme se montra tout entier, où son âme , jusqu'alors disséminée , nous montra toutes ses forces , et son cœur toutes ses richesses. Ses derniers momens sont si touchans par ses regrets de ne pouvoir enrichir la France des bienfaits de son génie , et par ses derniers vœux , qui sont la seule ressource de son cœur , pour une patrie qu'il aime encore et dont il est encore aimé , quelques torts qu'ils aient eus l'un envers l'autre.

Vous qui avez su nous attacher sur les traits et les sentimens d'un héros dont les exploits nous sont étrangers, ainsi que les bienfaits de son action , quel sera le degré d'attendrissement que vous porterez dans nos cœurs , lorsque ce sera l'homme de notre choix , l'homme dont chaque pas nous découvre sa gloire et ses bienfaits ?

Les derniers rayons de votre génie ont encore toute la force et la vigueur du jeune âge, et quelque chose de plus encore ; tout nous promet un chef-d'œuvre, et le monument le plus beau de votre gloire.

Disciple d'Homère et du Tasse, c'est Achille et Bouillon que vous avez à peindre, et plus encore cent fois. Rassemblez donc toutes les forces de votre âme, combinez toutes les ressources de la tête la plus forte, la plus vaste qu'ait enfantée le génie des arts ; emparez-vous de ce beau sujet ; et, rentrant un jour dans votre patrie, où nos vœux vous appellent, avec la plus belle production des temps modernes, dites-lui, comme cet autre peintre de l'antique Athènes (1), avec cette conscience qui sied bien au génie, dites-lui : « Je te la « donne ; tu ne pourrais pas la payer. » Alors l'admiration s'emparera de nos cœurs, l'Europe viendra contempler le chef-d'œuvre, et tous, d'un commun accord, nous nous écrierons avec enthousiasme : Apelle seul était digne de peindre Alexandre, Apelle seul l'a peint dignement.

Je suis, etc.

J.-B.-T. LECLÈRE.

____

(1) Zeuxis.